ИСТОРИЯ ИНИЦИАТИВЫ «ОДИН ПОЯС, ОДИН ПУТЬ» ЗА ПРОШЕДШИЕ ПЯТЬ ЛЕТ

«ОДИН ПОЯС, ОДИН ПУТЬ»: ЭПИЧЕСКАЯ ПОЭМА БУДУЩЕГО

Главный редактор: Лю Вэй

CIPG China International Publishing Group 中国国际出版集团

ИЗДАТЕЛЬСТВО ЛИТЕРАТУРЫ НА ИНОСТРАННЫХ ЯЗЫКАХ

Первое издание 2019

ISBN 978-7-119-11860-4
Издательство литературы на иностранных языках
КНР, 100037, Пекин, ул. Байваньчжуанлу, 24
Распространитель: Китайская компания
международной книжной торговли
(ГОЦЗИ ШУДЯНЬ)
КНР, 100044, Пекин, ул. Чэгунчжуансилу, 35
П/я №399

Напечатано в Китайской Народной Республике

ВСТУПЛЕНИЕ

Ровно через два года после того, как Китай выдвинул инициативу «Один пояс, один путь», 193 государства-члена ООН провели саммит по устойчивому развитию в штаб-квартире в Нью-Йорке 25 сентября 2015 года. Саммит официально утвердил 17 Целей устойчивого развития (ЦУР). Основная цель состоит в том, чтобы продолжать руководить глобальным развитием в 2015–2030 годах после истечения срока действия первоначальных целей в области развития, сформулированных в Декларации тысячелетия (ЦРДТ, 2000–2015 гг.), и комплексно решать проблемы развития в трех направлениях: социальном, экономическом и экологическом на пути устойчивого развития.

Китай, как ответственная держава, активно участвовал в разработке целей ООН в области устойчивого развития и сознательно сопрягал инициативу по глобальному сотрудничеству и развитию «Один пояс, один путь» с принципами ООН.

В то время, когда ЦУР только были представлены, ООН на самом деле не была уверена в том, что 17 целей устойчивого развития могут быть достигнуты в полном объеме в течение пятнадцати лет до 2030 года. Члены ООН еще более остро задаются вопросом о том, смогут ли мировые державы и ведущие экономики мира проявить достаточную готовность и способность для того, чтобы совместно, на практике содействовать решению вышесказанных глобальных проблем.

Несмотря на то, что многие члены ООН, работающие в штаб-квартире в Нью-Йорке имели убежденность верить, что «глобализация как тенденция необратима», однако, при бурном всплеске «антиглобализации» 2017 года, угрожающей экономическим национализмом, изоляционизмом, торговым протекционизмом и популизмом всех мастей, даже самые решительные и уверенные «глобалисты» вынуждены были трезво оценить предупреждения историков. В истории человечества, в XIX и XX веках так называемая «глобализация» или экономическая и торговая «взаимозависимость» неоднократно достигали такой степени, что люди в то время считали, что эта тенденция является неудержимой. Однако последовавший за этим кризис не только приостановил процесс глобализации, но и привел к тому, что в форме войны на задний план были отодвинуты моральная основа человеческой цивилизации и основные нормы международного взаимодействия, что привело к исчезновению чрезмерного оптимизма.

«Повестка дня в области устойчивого развития на период до 2030 года» переносит планирование развития ООН и историю человечества в новую эру. Как будет развиваться процесс устойчивого развития? Какое взаимодействие, ассоциация и «химическая реакция» будут у нее с глобальным продвижением «Пояса и Пути»?

Мы с нетерпением ждем будущего.

СОДЕРЖАНИЕ

I. ВОЗРОЖДЕНИЕ И ПЕРЕПЛЕТЕНИЕ ДРЕВНИХ
ЦИВИЛИЗАЦИЙ ВДОЛЬ ТРЕХ «ШЕЛКОВЫХ ПУТЕЙ» 9

1. Верблюжий Шелковый путь: отправляемся к свету рука об руку
2. Степной Шелковый путь: северная легенда, дописанная железнодорожной линией Иу–Синьцзян–Европа
3. Арктический пояс Шелкового пути: беспрецедентная инициатива

II. ПАН-ГИМАЛАЙСКОЕ СООБЩЕСТВО В ПОЛНОМ РАСЦВЕТЕ 25

1. Легенда Гвадара: от рыбацкой деревни к процветающему международному порту
2. Способствование сотрудничеству в трансгималайском районе

III. ЛУННАЯ СОНАТА НА МОРЕ 35

1. Из Китая до стран южных морей. Настоящий друг близок даже в том случае, когда находится очень далеко от тебя
2. От стран южных морей до западного океана: продолжение легенды Чжэн Хэ
3. От южного океана до южной части Тихого океана: новый уровень сотрудничества в АТР

IV. ЗАКЛЮЧЕНИЕ: ПРОЛОГ ДЛЯ НОВОЙ СТРАНИЦЫ ЧЕЛОВЕЧЕСКОГО СООБЩЕСТВА С ЕДИНОЙ СУДЬБОЙ 47

I. ВОЗРОЖДЕНИЕ И ПЕРЕПЛЕТЕНИЕ ДРЕВНИХ ЦИВИЛИЗАЦИЙ ВДОЛЬ ТРЕХ «ШЕЛКОВЫХ ПУТЕЙ»

В древней Евразии наши предки создали и использовали несколько различных торговых путей. Эти торговые пути можно разделить на два основных: первый – начинается из знакомой людям древней столицы Чанъань, через западные районы Китая в Центральную и Западную Азию, а затем в Средиземное море и Европу; другой – более северный, который стимулировал обменам между Востоком и Западом через Северную кочевую общину. Первый по причине прохождения через пустыню, называется «Шелковый путь верблюжьего колокола»; а второй – «степной Шелковый путь».

В течение тысячелетней истории евразийского континента эти торговые пути процветали. Из-за войн и эпидемий, они то приходили в упадок и переменялись, то изменяли курс в сторону великолепных новых столиц восходящих империй, то, будто капилляры, расходились, расширяясь в сторону границ различных цивилизаций, а затем сливались, создавая большую сеть богатств, знаний и правил.

Подъем и падение евразийских торговых путей сами по себе уже давно стали частью судьбы всех цивилизаций вдоль маршрутов. В новой эпохе, с развитием интереса к морской культуре, бывшие столицы на континенте, оазисы, которые когда-то процветали, пришли в упадок. Звон верблюжьих колокольчиков сменился грохотом движения поезда, однако, в конце концов, не было никакого преимущества по стоимости перед перевозками морскими судами.

Тем не менее, с совершенствованием высокоскоростных железнодорожных технологий нового поколения и связанных с ними технологий управления, «новая Евразийская эра» поднимается как восходящее солнце. С углублением продвижения стыковочных проектов Китая и России в рамках «Один пояс, один путь» и «Евразийского экономического союза», развитием железнодорожной линии Иу-Синьцзян-Европа в качестве «представителя экономического коридора Азиатско-европейского континентального моста», древний Шелковый путь под вдохновением новой науки и техники переживает «вторую молодость». В то же время, благодаря прогрессу в области судоходства и технологий в области ледокольных работ, а также консенсусу между Китаем и Россией в отношении мирного использования арктических ресурсов, «Арктический пояс Шелкового пути», который является беспрецедентным в истории, уже начал свою работу, более тесно соединяя восточный и западный концы евразийского континента.

1. Верблюжий Шелковый путь: отправляемся к свету рука об руку

7 сентября 2013 года, в Назарбаев Университете, Казахстан, председатель КНР Си Цзиньпин выступил с эпохальной речью на тему «Развитие дружбы между народами и совместное создание будущего». На протяжении пяти лет инициатива Китая «Один пояс, один путь» плавно взаимодействует с новым экономическим планом «Светлый путь – Путь в будущее», который был официально представлен президентом Казахстана в ноябре 2014 года. Две стороны активно сотрудничают в достижении Целей ООН в области устойчивого развития, и надеются оказать помощь другим странам Центральной Азии через региональное сотрудничество, возрождая древний Шелковый путь верблюжьих колокольчиков.

Проект «Светлый путь» направлен на обеспечение устойчивого развития экономики и общества Казахстана путем укрепления строительства инфраструктуры. Инфраструктурные проекты в основном охватывают транспорт, промышленность, энергетику, общество, культуру и другие области. В рамках будущего сотрудничества правительства и застройщики Китая и Казахстана будут совместно укреплять инвестиции в строительство транспортной и логистической инфраструктуры региона и работают над модернизацией внутренних транспортных сетей Казахстана в качестве основных транспортных узлов и транспортных артерий, соединяющих Китай на востоке с рынками Европы и Среднего Востока на западе.

Из Алматинской области через красивое озеро Балхаш до Карагандинской области, из Актобе в Западно-Казахстанскую область, ведущую в западноевропейский и средиземноморский мир; или в Атыраускую область на северном берегу Каспийского моря, до реки Урал, в приморский город Атырау – все эти места в ближайшем будущем могут стать перспективными направлениями.

Возьмем, к примеру, город Атырау. Каждый житель этого города получил ощутимое благополучие от «Одного пояса и одного пути». В начале стыковки инициативы «Один пояс, один путь» и проекта «Светлый путь», они точно предвидели, что новые крупномасштабные инвестиции и строительство нефтяных и газовых трубопроводов и железных дорог могут принести проблемы с городской питьевой водой, электричеством и поставкой земельных ресурсов. В результате они обсудили с китайскими инженерами и досрочно сделали умеренное улучшение инфраструктуры города и уровня общественного обслуживания. Например, количество и качество питьевой воды на душу населения значительно возросли, а увеличение числа рабочих мест возросло еще больше. В то же время, туризм, который является более экологически чистым, устойчивым и легко приносит ощутимый рост доходов местным жителям среднего и низшего уровня доходов, процветает, как никогда раньше, благодаря открытому транспорту.

На самом деле, город Атырау – это всего лишь ракурс, и все больше и больше городов и мегаполисов в Казахстане находятся на пути к устойчивому процветанию. Точно так же, в Ташкенте и Бухаре Узбекистана, в Кыргызстанских городах Бишкек, Джалал-Абада, в Душанбе Таджикистана и др. «Верблюжий Шелковый путь» тоже возрождается.

2. Степной Шелковый путь: северная легенда, дописанная железнодорожной линией Иу–Синьцзян–Европа

К северу от Верблюжьего Шелкового пути, в тысячелетней истории обмена между Востоком и Западом существует еще один важный торговый путь – Степной Шелковый путь. Он начинается в средних широтах между 40 градусами и 50 градусами северной широты Евразии. Это также место, где произошли коллизия, взаимодействие и интеграция между кочевыми и сельскохозяйственными цивилизациями.

В прошлом, восточные люди на ослах или лошадях везли женьшень, атлас, чай и другие продукты из правого Бэйпина (при династии Хань), столицы династии Юань (Даду), Тайюаня, Датуна и других мест династии Мин и Цин, на север через гору Иньшань и гору Яньшань, вдоль Великой Китайской стены, а затем от северо-запада через Монгольское плато в северную часть Центрально-Западной Азии, и прямо до Европейского района Средиземноморья.

Сегодня, благодаря железнодорожной линии «Иу-Синьцзян-Европа» еще приблизились Европа и Азия. 1 июля 2014 года международная железнодорожная линия «Иу-Синьцзян-Европа» рейсом 81018, полностью загруженная электромеханическими изделиями и другими мелкими товарами, произведенными в провинции Чжэцзян и ее окрестностях, в количестве 88 стандартных контейнеров, из Иу – самой активной экономической базы производства и перевозки мелких товаров в Юго-Восточном Китае со скоростью 120 километров в час отправилась прямо в Алашанькоу Синьцзяна, через который эти качественные и доступные по цене товары быстро оказались на прилавках таких стран, как Казахстан, Узбекистан и Россия. В то же время железнодорожная линия «Иу-Синьцзян-Европа» продолжает свой путь на запад, в конечном итоге добравшись до самой яркой жемчужины восточного побережья Балтийского моря – Санкт-Петербурга.

Железнодорожная линия «Иу-Синьцзян-Европа» была включена в фиксированный график отправления поездов, к тому же частота и кратность отправлений увеличивается из года в год. В то же время скорость движения поезда постоянно увеличивается и достигает 120 км/ч, время в пути от Иу до Алашанькоу может быть строго контролируется в течение 5 дней, что меньше на 3-4 дня, чем прежде. Кроме того, таможенная служба Китая, России, Монголии, Казахстана, Кыргызстана и других стран также одновременно получила аккредитацию на проведение на месте пломбирования, таможенного досмотра, инспекции и других таможенных формальностей с тем, чтобы повысить эффективность растаможивания. Железнодорожная линия «Иу-Синьцзян-Европа» позволила сэкономить на транспортировке мелких товаров Иу из Нинбо и Шанхая до Владивостока в России, что позволило снизить цену перевозки на треть.

В качестве новой отправной точки для «нового Шелкового пути», а также с помощью стыковки китайской инициативы «Один пояс, один путь» и проекта «Евразийский экономический союз» России, город Иу наконец-то нашел свое место в историческом процессе интеграции экономических сил евразийского континента.

29 мая 2014 года главы государств России, Беларуси и Казахстана подписали договор о Евразийском экономическом союзе, который вступил в силу 1 января 2015 года, и был официально учрежден Евразийский экономический союз. 8 мая 2015 года, главы Китая и России опубликовали в Москве Совместное заявление о стыковке и сотрудничестве КНР и РФ в рамках инициативы «Один пояс, один путь» и «Евразийского Экономического Союза». Это означает, что Китай и Россия в Евразийском регионе достигли стратегического консенсуса, что обеспечивает политические гарантии для стимулирования Евразийского регионального развития.

После этого, 25 июня 2016 года, 8 июня 2018 года, 7 ноября 2018 года, главы Китая и России провели ряд встреч и опубликовали совместное заявление и совместное коммюнике о постепенном повышении уровня стыковки и углублении сотрудничества в рамках инициативы «Один пояс, один путь» и проекта «Евразийский экономический союз», а также выработали существенные институциональные механизмы.

Как кристалл дружбы между Китаем и Монголией, между Китаем и Россией, а также как последнее достижение в области совместного развития и взаимовыгодного сотрудничества между этими тремя странами, Степной Шелковый пути еще больше укрепило взаимосвязь между ними и способствовало их общему развитию. Вглядываясь в следующие 15 лет, строительные силы, созданные тремя народами, не только объединят усилия по созданию более 9000-километровых автомобильных, железнодорожных, воздушных, водных, волоконно-оптических каналов связи из северного Китая и северо-восточного Китая через Монголию и Сибирь и прямо до Москвы и Санкт-Петербурга, и, вместе с тем, активизируют сотрудничество трех сторон вдоль экономического коридора в таких областях, как крупные проекты, инфраструктура, энергетические ресурсы, сельское хозяйство и водные ресурсы, информатика и телекоммуникации, создавая большое число промышленных парков и зон свободной торговли, которые позволят большему числу местных жителей найти работу с лучшими условиями и более высокими доходами, чтобы помогать им избавиться от бедности и идти по пути устойчивого развития.

3. Арктический пояс Шелкового пути: беспрецедентная инициатива

От Степного Шелкового пути к северу до бескрайнего Северного Ледовитого океана, думали, что там только ледяная пустошь, но не оказался другой беспрецедентный Новый Шелковы путь – Арктический пояс Шелкового пути.

В 2015 году в совместном коммюнике двадцатой встречи премьер-министров Китая и России появилась начальная форма «Арктического пояса Шелкового пути» – обе стороны заявили, что будут совместно «укреплять сотрудничество в области развития и использования Северного морского судоходства и проводить исследования в области арктического судоходства», а в коммюнике двадцать первой встречи заявили о «проведении исследований перспектив совместного развития транспортного потенциала Северного морского судоходства».

На саммите высокого уровня по международному сотрудничеству в рамках «Один пояс, и один путь», состоявшимся в мае 2017 года, президент России Владимир Путин четко заявил: «Надеемся, что Китай сможет использовать арктические водные пути для соединения арктических водных путей с "одним поясом, одним путем"». Через два месяца после встречи председателя КНР Си Цзиньпина с премьер-министром России Дмитрием Медведевым в Москве был достигнут консенсус: «будет проведено сотрудничество в арктическом водном пути и совместное создание Арктического пояса Шелкового пути».

Вечером 5 сентября 2018 года, после 33-дневного морского рейса, грузовое судно «Тяньэнь» китайской корпорации COSCO прибыло в северо-западном портовом городе Руан, Франция. Это был первый тур судна «Тяньэнь» по «Арктическому Шелковому пути», проходящий через Северный полюс в Европу. Таким образом, эпическая эпопея, которая объединила усилия для развития Арктики и изучения высшего достижения человеческой цивилизации, официально открылась. Этот беспрецедентный Новый Шелковый путь, простирающийся к северо-западу от северной части Европы, проходит через Баренцево море, Карское море, море Лаптевых, Восточно-Сибирское море и Берингов пролив до Владивостока на восток. Судя по расстоянию, это, несомненно, самый короткий морской путь, соединяющий Северо-Восточную Азию с Западной Европой.

В связи с этим, Китай и Россия будут осуществлять прагматическое сотрудничество в области арктических маршрутов с помощью ряда крупных проектов. Например, в области транспорта COSCO Shipping Group, а также российские судоходные компании и экспедиционный персонал будут проводить многочисленные испытания, постоянно расширяя годность судоходства по арктическим водным путям и, вместе с тем, укрепляя портовую инфраструктуру вдоль маршрута.

На уровне институционального сотрудничества транспортный сектор двух стран постепенно достигнет высокого уровня консенсуса по таким важным вопросам, как развитие арктических маршрутов и морское сотрудничество в полярных водных районах России, путем проведения многочисленных консультаций и переговоров, а также разработки общей программы действий и Кодекса поведения, постоянно совершенствуя политику и правовую основу сотрудничества в области развития Арктики. Министерство коммерции Китая и Министерство экономического развития России также намерены взять на себя ведущую роль в создании нового механизма совместного освоения Арктики для более упорядоченного и скоординированного развития и использования арктических водных путей.

Опираясь на институциональное строительство, китайские и российские предприятия активно сотрудничают в разведке и освоении нефти и газа в Арктике, а также совместно с ООН и другими организациями предпринимают практические действия по охране местной экологической среды. Таким образом, постепенно развивается промышленная цепь всестороннего развития, начавшаяся от судоходства и инфраструктуры, а затем постепенно расширившаяся в такие области, как полезные ископаемые, энергетика, туризм, научно-исследовательские работы, охрана окружающей среды и другие области развития.

II. ПАН-ГИМАЛАЙСКОЕ СООБЩЕСТВО В ПОЛНОМ РАСЦВЕТЕ

1. Легенда Гвадара: от рыбацкой деревни к процветающему международному порту

62,26 градусов восточной долготы, 25,17 градусов северной широты .

На западной окраине южно-азиатского субконтинента, на пересечении северной границы Индийского океана с Аравийским морем проходит бурное развитие .

Порт Гвадар в урдуском языке (Gwadar Port) означает «ворота ветра». Еще в далеком 1964 году Пакистан решил построить его в порт. Однако по ряду причин строительство откладывалось и не раз.

В XXI веке Китай, самый надежный сосед Пакистана, активно участвует в его инвестициях и совместном строительстве. С 2001 года Китай участвует в развитии провинции Белуджистан, сосредоточив внимание на строительстве глубоководного порта Гвадар и его специальных экономических зон.

В 2013 году в рамках инициативы «Один пояс, один путь» был начат первый крупный пилотный проект по строительству экономического коридора между Китаем и Пакистаном. Впоследствии, в рамках экономического коридора Китая и Пакистана появился ряд энергетических, транспортных и инфраструктурных проектов, строительство которых идет полным ходом.

В том же году правительство Пакистана решило передать эксплуатационные полномочия порт Гвадар китайской морской компании Port Holdings Limited. Заместитель генерального директора компании Гвадарской свободной зоны с ограниченной ответственностью Ху Яоцзун является свидетелем развития данного порта. Он вспоминает, что Гвадар был пустыней. «Смотря вниз с небес, видишь только голубое море с одной стороны и земляно-желтую пустыню с другой стороны, при высадке с самолета чувствуешь себя, как будто находишься на Марсе».

Именно в этом «земляно-желтом Марсе» Ху Яоцзун познакомился с Джамальдини (Jamaldini). Они познакомились благодаря общему делу и установили дружеские отношения. Они стали символом дружбы между Китаем и Пакистаном, передающейся из поколения в поколение. В том же году Джамальдини, который только что вступил в должность председателя

Управления по делам порта Гвадар, говорил, что ему очень повезло стать свидетелем этого исторического чуда и дружбы между Китаем и Пакистаном.

Джамалдини родился в небольшом городке Нушики в Белуджистане, граничащем с Афганистаном и Ираном, где находится порт Гвадар. До того, как он возглавлял управление по делам порта Гвадар, он занимал пост генерального секретаря Министерства финансов провинции Белуджистан, занимал пост заместителя директора департамента энергетики, также занимался вопросами религии и в течение 15 лет работал в экономических секторах и других секторах провинции Белуджистан. В результате сотрудничества между Китаем и Пакистаном в деле строительства порта Гвадар, Джамалдини был избран в качестве десятого председателя порта Гвадар. Это был первый раз, когда он занимался управлением портом.

За пять лет с начала строительства экономического коридора, он увидел, как порт совершил полное обновление. Стареющее и ржавое оборудование было демонтировано и заменено современным новым оборудованием.

Была открыта зона свободной торговли, выставочный и конференц-центр, бизнес-центр, медицинский центр, учебный центр и другие здания возвысились над землей. С увеличением пропускной способности порта, в Гвадаре добавились еще пять контейнерных кранов-перегружателей, были построены складские помещения площадью в 100 тыс. квадратных метров с контейнерным сканером и другим оборудованием. С тех пор, порт Гвардар, наконец, обладал полной эксплуатационной способностью, включая наливные грузы, контейнеры и накатные грузы. В портах Гварда повсюду видны тяготы и слава Ху Яоцзуна, Джемардини и других первых работников.

2. Способствование сотрудничеству в трансгималайском районе

Китайская дипломатия всегда выступала и выступает за мультилатерализм, а не за унилатерализм, то есть, руководствуясь рациональной концепцией справедливости и выгоды, органично сочетая национальные интересы с мировыми интересами и общей судьбой человечества, достигать баланса справедливости и выгоды, получить доверие, ценить дружбу, поднять справедливость и установить мораль. В двустороннем сотрудничестве Китай всегда придавал большое значение чувствам и интересам третьих сторон, что нашло свое отражение в процессе сотрудничества в рамках инициативы «Один пояс, один путь».

В сотрудничестве в рамках китайско-непальско-индийского экономического коридора, Китай с полным пониманием осознает то значение, которое Индия придает своему традиционному влиянию в Южной Азии. Таким образом, в сотрудничестве со странами, такими как Непал, на каждом этапе сохраняется высокий уровень прозрачности для международного сообщества, включая Индию, в целях укрепления доверия и устранения сомнений. Вместе с тем, Китай искренне приглашает соответствующие стороны присоединиться к существующему двустороннему сотрудничеству для создания более широкой и всеохватывающей рамочки многостороннего сотрудничества, что содействовало политической коммуникации и сближению народов, и тем самым заложило прочную основу для углубления регионального сотрудничества.

Точно так же, в строительстве китайско-пакистанского экономического коридора, как было предложено и поощрено председателем КНР Си Цзиньпином, в течение пяти лет, обе страны в полной мере выявляют ведущую роль строительства экономического коридора в процессе налаживания прагматического сотрудничества, принимая строительство коридора в качестве центра, с акцентом на порт Гвадар, энергетику, инфраструктуру и промышленное сотрудничество, постепенно сформировав промышленную структуру «1+4». Заглядывая в будущее, китайско-пакистанский экономический коридор, безусловно, принесет пользу всему народу Пакистана и далее позволит народам всех соседних стран поделиться огромными дивидендами от взаимодействия и совместного развития.

В качестве общего друга Китая и Пакистана Иран также принимает активное участие в строительстве и поддержании китайско-пакистанского экономического коридора. Китай также инвестировал средства в иранский порт Чабахар близ Гвадара и построил нефтеи газопровод, соединяющий регион с портом Гвадар. Кроме того, Китай сотрудничает с Ираном в строительстве нефтяного терминала на острове Гешм в пределах Ормузского пролива, существенно модернизирует оборудование и коэффициенты использования нефтебазы на этом терминале.

Таким образом, китайско-пакистанский экономический коридор является не только важным элементом экономического сотрудничества между Китаем и Пакистаном, но и звеном, содействующим реализации его удачной стыковки с национальной стратегией экономического развития Пакистана. Он также является флагманским проектом в рамках инициативы «Один пояс, один путь», имеет образцовый эффект и играет ведущую роль в продвижении данной инициативы, укрепляет доверие народа к ней стран вдоль «Пояса и пути». С геоэкономической точки зрения, китайско-пакистанский экономический коридор через экономическое и энергетическое сотрудничество, тесно объединяя Южную Азию, Центральную Азию, Средний Восток, Северную Африку и другие страны, еще дальше способствует сотрудничеству в трансгималайском районе.

Китайско-пакистанский экономический коридор, китайско-непально-индийский экономический коридор и другие подобные проекты в рамках инициативы «Один пояс, один путь» являются не просто примером двустороннего сотрудничества между Китаем и соседними странами, а скорее общественным благом, основанным на региональной многосторонности. Их положительный эффект был распространен на южно-азиатский субконтинент, Центральную и Западную Азию, а также во всем регионе Индийского океана, что способствует большей синергии и развитию экономики стран данного региона. На философском уровне он воплощает в себе концепцию «доброжелательность, искренность, взаимовыгодность и инклюзивность», которую всегда отстаивал главный архитектор инициативы «Один пояс, один путь» – председатель КНР Си Цзиньпин.

III. ЛУННАЯ СОНАТА НА МОРЕ

1. Из Китая до стран южных морей. Настоящий друг близок даже в том случае, когда находится очень далеко от тебя

В 2013 году, в Индонезии, председатель КНР Си Цзиньпин официально представил концепцию и инициативу сотрудничества «Морской Шелковый путь XXI века». С тех пор инициатива «Один пояс, один путь» Китая и план «Опора глобального моря» (Poros Maritm Dunia, PMD) Индонезии постепенно осуществляют стыковку, что эффективно способствовало экономической интеграции и устойчивому развитию обеих стран и даже всего региона Восточной и Юго-Восточной Азии.

Индонезия является крупнейшей экономикой в Юго-Восточной Азии и как единственная страна АСЕАН в Группе двадцати (G20), имеет значительное влияние в Юго-Восточной Азии и даже в Азиатско-Тихоокеанском регионе.

Еще в 2014 году Индонезия стала первым крупным рынком подрядных проектов Китая в Юго-Восточной Азии и сохранила этот статус в течение четырех лет подряд, в то время когда мост Сима, плотина Гатигди и другие проекты находились в стадии реализации. В октябре

2015 года китайские компании получили контракт на строительство скоростной железной дороги от Джакарты до Бандунга протяженностью 150 км, что еще раз подтвердило важное значение инфраструктуры для стратегической стыковки между двумя странами. Благодаря огромной поддержке китайского и индонезийского правительств, а также при тесной координации с людьми, завершено строительство скоростной железной дороги «Джакарта-Бандун», которая тесно связывает два самых динамичных мегаполиса Индонезии.

В то же время Китай продолжает наращивать свои прямые инвестиции в Индонезию, что непосредственно способствует быстрому развитию местных многосекторальных отраслей, особенно в таких областях, как нефть, природный газ, полезные ископаемые, бытовая техника и связь. В судостроительной отрасли взаимовыгодное сотрудничество между двумя странами поднималось на новый уровень. Китай является мировым лидером в судостроении и судоходстве, и его способность строить и работать в соответствии с динамичным спросом на индонезийском рынке создает огромную «химическую реакцию». Китай и Индонезия также через взаимные инвестиции, совместные предприятия и другие модели предпринимательства совместно построили большое количество репрезентативных главных проектов, в результате Китай не только основал бренды своих предприятий в Индонезии, заслужил хорошую репутацию, но и также обеспечил новые рабочие места, увеличив доходы местного населения.

2. От стран южных морей до западного океана: продолжение легенды Чжэн Хэ

Шестьсот лет назад великий китайский мореплаватель Чжэн Хэ семь раз отправился на «Западный океан». Доплыв далеко до современной Индии, Шри-Ланки, в страны вдоль побережья Восточной Африки, записал великолепную поэзию в истории мореплавания человечества.

Сегодня, по следам Чжэн Хэ, принимая такую же концепцию мира, равенства и справедливости, китайцы еще раз отправились в «Западный океан» с целью построения общего прекрасного будущего со странами Юго-

Восточной Азии, Южной Азии и Восточной Африки.

Порт Ханбантота, расположенный вдоль китайско-европейского морского маршрута, был медленно развивающимся местом, но теперь он стал новым ориентиром и гордостью будущего этой страны.

В 2009 году в Шри-Ланке начались масштабные послевоенные восстановительные работы. Как давний друг шриланкийского народа, Китай неукоснительно оказывал своевременную помощь и принимал активное участие в инфраструктурном строительстве Шри-Ланки, в том числе в реализации «Видений Махинды» президента Раджапаксы, которые ориентированы на превращение Ханбантоты в порт мирового класса и восстановление важного места Шри-Ланки на Морском Шелковом пути и построение его в качестве морского, авиационного и торгового центра, соединяющего Восток с Западом.

В то время, когда у Шри-Ланки не было возможности взять в долг у соседних стран и международных организаций, Китай решил предоставить финансовую и техническую поддержку. Тогда страны договорились о строительстве порта Хамбантота. В декабре 2012 года были завершены основные работы первого этапа. Сумма инженерного контракта составляла всего 361 млн долларов США, фактическая общая стоимость составила 580 млн долларов США, среди них 15% – от местного правительства, а остальные 85% – кредит, предоставленный Китайским экспортно-импортным банком. Второй этап строительства начался в ноябре 2012 года и в основном был завершен к концу 2015 года. Сумма контракта составила 808 млн долларов США. Кредит был предоставлен Китайским экспортно-импортным банком.

После 2015 года Китай и Шри-Ланка в рамках инициативы «Один пояс, один путь» значительно увеличили глубину и широту двустороннего сотрудничества, в то время как порт Ханбантота стал флагманом и эталоном для многих совместных проектов.

Завершение строительства глубоководного порта Ханбантота значительно повысило стратегическое положение Шри-Ланки в Малаккском проливе и Суэцком канале и оказало огромное стимулирующее воздействие на экономику страны. В настоящее время портовые операции предоставляют местным жителям 6000 прямых рабочих мест, а также 50 000–100 000 косвенных рабочих мест.

С точки зрения стратегии национального развития, после открытия высокоскоростного железнодорожного сообщения между портами Коломбо и Ханбантота, в Шри-Ланке сформируется национальная модель развития «Два крыла и один пояс», где Коленбо и Ханбантота как «два крыла», а экономический пояс Коломбо-Ханбантота – ядро. Взаимодействие между двумя портами будет иметь огромный синергетический эффект, который не только будет способствовать быстрому социально-экономическому развитию всей страны, но и укрепит стратегическое положение Шри-Ланки в международном судоходстве.

В то же время, стремясь к дальнейшему достижению целей ООН в области устойчивого развития и обеспечения устойчивого источника богатства для будущего благосостояния местного населения, политики обеих стран со всей дальновидностью пришли к выводу о том, что порт Хамбантота должен быть построен как настоящий транзитный центр мирового судоходства. Это также означает, что город, в котором находится порт, станет вторым по величине промышленным, торговым и культурным центром Шри-Ланки после столицы Коломбо, то есть, город будет поддерживать растущую международную торговлю через свои сильные отрасли.

Кроме того, Китай и Шри-Ланка также развивают ориентированную на экспорт экономику путем строительства промышленных баз. В январе 2017 года был официально заложен фундамент китайско-шриланкийского индустриального парка. Парк занимает площадь 50 квадратных километров и функционирует в основном для развития судостроительной промышленности, а также производства морской продукции, сельскохозяйственной продукции и других обрабатывающих производств. Парк является примером двустороннего торгово-экономического сотрудничества, после построения он будет открыт для всех предприятий по всему миру. При одновременном продвижении льготной политики и благоприятной деловой среды, предприятия, получившие аккредитацию для работы в данном парке, будут отлично функционировать и не только получат дополнительную прибыль, но и могут предоставлять рабочие места для местного населения, и, вместе с тем, содействовать строительству портов, аэропортов, автомобильных дорог и другой инфраструктуры данной страны, то есть, достигнут положительного взаимодействия между инвестициями и сотрудничеством в области производственных мощностей на основе улучшения коэффициента использования порта.

3. От южного океана до южной части Тихого океана: новый уровень сотрудничества в АТР

14 ноября 2018 года в порту Морсби, столице Папуа-Новой Гвинеи, состоялась двадцать шестая неофициальная встреча лидеров Азиатско-Тихоокеанского экономического сотрудничества (АТЭС).

Для Папуа-Новой Гвинеи этот саммит имеет огромное значение. Поскольку саммит представляет собой не только коллективное признание государствами-членами АТЭС тех достижений, достигнутых Папуа-Новой Гвинеи в рамках ООН в целях содействия сокращению масштабов нищеты и устойчивому развитию, но и возможность обеспечить мощный импульс для нового развития ее экономики в Азиатско-Тихоокеанском регионе. И в этом великом историческом процессе, Южно-Тихоокеанские проекты Китая в рамках инициативы «Один пояс, один путь» тоже дают значительный вклад.

На самом деле, еще за несколько месяцев до саммита АТЭС, 21 июня того же года, Китай и Папуа-Новая Гвинея уже подписали «Меморандум о взаимопонимании между правительствами КНР и Независимого Государства Папуа Новая Гвинея в совместном строительстве "Экономического пояса Шелкового пути и Морского Шелкового пути XXI века"». Папуа-Новая Гвинея поэтому стала первый островным государством на Тихом океане, которое присоединилось к кругу друзей инициативы «Один пояс, один путь».

В меморандуме о взаимопонимании между двумя странами отмечается, что Китай и Папуа-Новая Гвинея обладают весьма взаимодополняющими характеристиками в области развития инфраструктуры, сбыта высококлассных продуктов питания и имеют долгосрочные перспективы сотрудничества в таких областях, как экономика и торговля, инвестиции, сельское хозяйство, туризм и инфраструктура.

Площадь Папуа-Новой Гвинеи составляет 462,8 тыс. квадратных километров и состоит из более чем 600 островов, граничит с Индонезией на западе и на юге с Австралией через пролив Торреса. Эти земли являются крупнейшими островными странами в южной части Тихого океана.

Папуа-Новая Гвинея обладает богатыми природными ресурсами и огромным потенциалом для развития, а добыча полезных ископаемых, нефти и выращивание промышленных культур являются его опорными отраслями индустрии. Папуа-Новая Гвинея имеет запасы меди в объеме 20 миллионов тонн, занимая 10-е место в мире. По запасам золота – 3110 тонн, занимает 11-е место в мире. Кроме того, здесь имеются богатейшие месторождения золота, хрома, никеля, боксита, подводного газа и нефти. Папуа-Новая Гвинея также обладает богатыми сельскохозяйственными, лесными и рыбными ресурсами, является крупнейшим производителем кокосового масла и копра в тихоокеанских островных странах и третьим по величине рыбным районом в южной части Тихого океана. Изобилует тунцом, креветками и омарами.

В то время как Китай является не слишком отдаленным супер-крупным рынком, он становится привлекателен для Папуа-Новой Гвинеи. Проект никеля – Ramu, который был введен в эксплуатацию в сотрудничестве между двумя странами, не только стал крупнейшим до настоящего времени китайским инвестиционным проектом в тихоокеанских островных странах, но и привел к образованию тысячи рабочих мест для местного населения, что значительно улучшило условия их жизни.

IV. ЗАКЛЮЧЕНИЕ: ПРОЛОГ ДЛЯ НОВОЙ СТРАНИЦЫ ЧЕЛОВЕЧЕСКОГО СООБЩЕСТВА С ЕДИНОЙ СУДЬБОЙ

В 2013 году, в яркий осенний день, в столице Казахстана – Астане состоялась краткая речь представителя КНР Си Цзиньпина, которая открыла новую эру.

В своей речи, которая должна быть запятнана историей, он с глубоким чувством вспоминал, как древние китайцы в течение последних двух тысячелетий шли по древнему «Шелковому пути», не боясь трудностей и преодолевая препятствия на пути к Европейскому материку, через Центральную и Западную Азию. С принципом мирного сосуществования, справедливой торговли, равенства и взаимной выгоды, этот торговый путь через Евразию и пустыню как «нефритовый пояс» выложен на этой обширной земле. Вдоль этого «нефритового пояса» рассыпаны как звезды на небе богатые и красивые оазисные города, живая цивилизация, подобная яркой жемчужине и драгоценным камням.

Вдоль этого «нефритового пояса», на протяжении тысяч лет торговцы разных стран шли непрерывным потоком, звуки верблюжьих колокольчиков непрерывно раздавались. Родом из разных уголков мира, ранее совсем незнакомые друг другу люди благодаря этому пути сотрудничества, дружбы, собрались вместе. Их жизнь, безопасность, богатство, счастье, слава и горе тесно переплетены и взаимозависимы, а затем и тесно связаны с подъемом и упадком данного «нефритового пояса», который, естественно, превратился в человеческое сообщество с единой судьбой.

Тысячелетнее процветание и великолепие превратилось в следы прошлого. Стоя на горизонте двадцать первого века, китайцы новой эры восстанавливают славу и мечту своих предков, вместе с потомками тех хороших соседей, хороших партнеров, дают клятву воспроизвести и превзойти былую славу на этой земле, где предки всех народов когда-то боролись вместе в истории.

Всего через месяц этот китайский лидер в юго-восточной части Евразии снова нарисовал следующий круг. На этот раз он снова выступил с речью в Индонезии – стране, которая пользуется репутацией «страна с тысячей островов», и предложил своим морским партнерам построить Морской Шелковый путь XXI века.

В то время как в китайском классическом романе «Сон в красном тереме» изображается редкая драгоценность из Явы, в Национальном музее Индонезии представлено большое количество древнего китайского фарфора. Это не только яркая иллюстрация дружбы между Древним Китаем и Юго-Восточной Азией, но и истинная интерпретация высказывания «друзей, понимающих друг друга, расстояния только сближают». Наиболее впечатляющим, несомненно, является подвиг Чжэн Хэ – древнего великого китайского мореплавателя: неся сокровища и отправляясь в морской путь, он вел честную торговлю со странами и племенами вдоль маршрута на основе равноправия; имея мощную силу оружия, никогда не занимал ни одной пяди чужой земли, не грабил ни одного раба, сражался с пиратами; открыл морской маршрут, обеспечил «общественные блага» для тогдашнего «международного сообщества» в Южном и Западном океане, исполнил свой долг.

Над морем встанет луна. Сегодня, спустя 600 лет, китайцы присоединяются к своим надежным партнерам со всех концов земли, и, с добрыми воспоминаниями о мирных контактах и тесных связях своих предков, поднимают новые паруса и отправляются в общее будущее.

Прошло более пяти лет. Сегодня, когда мы смотрим на более отдаленное будущее и мечтаем о нем, еще более необходимо пересмотреть нашу общую борьбу за прошедшие 5 лет.

Будь то строительство «Пояса и пути» на протяжении пяти лет или энтузиазм разных стран мира в отношении осуществления «Цели в области устойчивого развития на период до 2030 года» ООН в последние три года, все они несут ответственность китайского народа перед миром, символизируя рациональное сознание о создании человеческого сообщества с единой судьбой.

Сколько трудностей, сколько препятствий, сколько мудрости и мужества, сколько солидарности и надежды, видение лидеров и трудолюбие каждого обычного строителя объединяются в этом «поясе» и «пути». Несмотря на то, что инициатива «Один пояс, один путь» началась в Китае, но как великая инициатива человечества к изменению своей судьбы, сокращению нищеты и страдания, она способствует устойчивому развитию, поддержанию умеренной гармонии между защитой окружающей среды Земли и прогрессом человеческой цивилизации, она давно уже стала международным общественным продуктом, общей памятью, общей ответственностью и общим богатством для всего человечества.

Таким образом, мы находимся сегодня на новой отправной точке и оглядываемся на прошлое, смотря с высоты будущего и судьбы всего человечества, пересматриваем историю, чтобы извлечь опыт и осветить будущее.

Шекспир сказал: «Все прошлое – это пролог». Как начало, инициатива «Одни пояс, один путь» играет очередную часть увертюры, сочиняя предисловие к будущей цивилизации человечества.

Мы, все человечество, на пути.

Редколлегия

Главный редактор: Лю Вэй
Руководители проекта: Ван Лимин, Цю Гогэнь,
　　　　　Лю Юаньчунь, Чжуан Юйминь
Исполнительный редактор: Ван Вэнь
Члены редколлегии: Чжоу Лохуа, Дун Симяо,
　　　　　Ху Хайбинь, Цзя Цзиньцзин, Ян Цинцин,
　　　　　Чжуан Сюецзяо
Автор данной брошюры: Ван Пэн

图书在版编目（CIP）数据

"一带一路"：未来史诗：俄文 / 刘伟主编 . — 北京：外文出版社，2019.3
（"一带一路"这五年的故事）
ISBN 978-7-119-11860-4

I. ①一… II. ①刘… III. ①"一带一路" - 国际合作 - 研究 - 俄文 IV. ① F125

中国版本图书馆 CIP 数据核字 (2019) 第 042995 号

出版策划：胡开敏
执行主编：王　文
特约编辑：胡海滨
责任编辑：熊冰颀
俄文翻译：赖灵莉
俄文审定：苏跃敏
装帧设计：北京大盟文化艺术有限公司
内文排版：北京维诺传媒文化有限公司
印刷监制：章云天

"一带一路"：未来史诗

刘　伟　主编

© 2019 外文出版社有限责任公司

出 版 人：徐　步
出版发行：外文出版社有限责任公司
地　　址：中国北京西城区百万庄大街 24 号　邮政编码：100037
网　　址：http://www.flp.com.cn　电子邮箱：flp@cipg.org.cn
电　　话：008610-68320579（总编室）
　　　　　008610-68327750（版权部）
　　　　　008610-68995852（发行部）
　　　　　008610-68996064（编辑部）
印　　刷：北京飞达印刷有限责任公司
经　　销：新华书店 / 外文书店
开　　本：880mm×1230mm 1/32
字　　数：18 千字
版　　次：2019 年 4 月第 1 版第 1 次印刷
书　　号：ISBN 978-7-119-11860-4
定　　价：38.00 元

版权所有　侵权必究　如有印装问题本社负责调换（电话：68996172）